Helmut Mattern

Nemm oifach oi Oi

Schwäbisches zom Lesa ond Lacha
mit Rezeptteil: „So kochet mir drhoim“

Helmut Mattern

Nemm oifach oi Oi

Schwäbisches zom Lesa ond Lacha
mit Rezeptteil: „So kochet mir drhoim"

Illustrationen von Ursula Schostok

CreativStudioBurkhardt, Stuttgart

2. Auflage 2007

Druck: Offizin Scheufele GmbH & Co. KG, Stuttgart

Printed in Germany
ISBN: 978-3-00-020897-3

Inhaltsverzeichnis

Vorwort

Liebe Leserin, liebe Leser,

„Er kô's net lassa!" so hend viele g'sagt. Aber i ben froh ond glücklich, dass i nomal a Büachle z'ammabracht han, des Ihne sicherlich Spaß macht. I ben emmer wieder nach neue Gedichtle g'frogt worda, han aber au amol ebbes ganz anders nô drzua brenga wella. Schwäbische Rezept von dr'hoim, von meiner Frau Elisabeth, Inspirationa, Zeichnunga ond viel Hilfe von meiner Tochter Ursula hend mi dann bewoga, des Büachle, so wia's jetzt isch, zu macha.

I bedank mi bei meiner Tochter, meiner Frau ond natürlich bei Ihne, dass Sia mei Büachle uffschlaget, hoffentlich dren leset, vielleicht des oine oder andre nachkochet ond, des wünsch i mir ganz arg, viel Freud damit hend.

An liaba Gruaß
von Euerm

Ois muass i nô drzua saga:
Dia Rezept send etwa für 4 Persona ond i übernemm fei koi Gewähr, wenn d' Knödel verfatzet oder 's Essa versalza isch.
Ihr kochet uff eigenes Risiko!

MIR SCHWOBALEUT

Mir Schwobaleut

Onser Schwobaland isch schön, -
Flüssla, - Wälder, - Bergeshöhn, -
Schöne Örtla, - schmucke Städtla, -
Stramme Kerle, - nette Mädla.

Des älles fendesch hier em Land,
Vieles isch au weltbekannt:
Ballett, die Kunscht, Architektur, -
Mir Schwoba möget halt d' Kultur.

Ond d'Schwäbisch Alb mit Holderheide, -
Dort stehn nô Schafe uff dr Weide.
'S Remstal, 's Bottwartal, Heilbronn, -
Überall wächst en dr Sonn'

Edler Wei, - ond alt ond jong,
Dem vergoht er uff dr Zong.
Geschichte kilometerweit
Am Limes aus dr Römerzeit.

A Schwob moint dankbar ond voll Stolz:
„Em Ländle leba isch was Tolls".
En Stadt ond Land wird tüchtig g'schafft
En Fabrika, - Landwirtschaft.

Dr Schwob baut Auto ond Maschina,
Zeppeline ond Turbina.
Er exportiert en älle Welt,
Ond so verdient er nô sei Geld.

‘S meist kriagt dr Staat ond der gibt’s aus
Ond lebt drbei en Saus ond Braus.
Die Baura hier em Schwobaland
Send für ihr Qualität bekannt.

Korn ond Rüaba, - Kraut ond G’müas, -
Kirscha sauer ond au süass, -
Älles wachst ond äll’s gedeiht
Bis nei en Herbst zur Erntezeit.

Beim Erntedankfest, des isch klar,
Dô guckt mr dankbar z’rück uff’s Jahr
Ond freut sich, dass die Schenderei
Jetzt isch wieder môl vorbei.

Goht langsam nô des Jahr zur Ruah,
Still uff Advent ond Weihnacht zua,
Legt sich uff Alb ond Bodasee
Dr Nebel, Rauhreif ond dr Schnee.

Wird älles still uff Flur ond Land,
Nô isch dr Schwob scho riesig g’spannt
Uff’s neue Johr, - kô’s kaum erwarta,
Bis er grubla kô em Garta!

Mei' Stuagert

Sei's München, Hamburg ond Berlin,
Zürich, Salzburg oder Wien. -.
I ben en viele Städt' scho gwä,
Han Kircha ond Museen g'seh.
Mit Bay'ra ond mit Preussa g'schwätzt,
Bei Schweizer an dr Tisch mi g'setzt, -
Ond i muss saga, - 's war oft toll, -
Bis obana mit Ei'drück voll
Ben i begeistert wieder z'rück.
Ond jedesmol isch's grösste Glück,
Wenn i mei Stuagert wieder seh, -
Dr Schlossplatz, - dr Theatersee, -
Dr Schillerplatz ond s' Alte Schloss,
Onser Wappa mit em Ross,
D' Stiftskirch ond die „Alt Kanzlei".
'S kô halt nirgends schöner sei.

Oifach schee isch onser Stadt!
Jeder sagt's, der's g'seha hat.
Denn onser Stuagert isch omgeba
Von Wälder ond von edle Reba.
Ganz besonders muss mr's loba,
Stoht mr uff dr Höhe oba.
Vom Birkakopf em Sonnaschei
Dô sieht mr weit en's Städtle nei.

Die Menscha, die en Stuagert leba,
Send sparsam, - ond ihr ganzes Streba
Isch, - wie's beim Schwob halt liegt em Blut –
Zu vermehra Hab ond Gut.
Ond oins fällt ihm ganz b'sonders schwer:
Dr Schwob gibt net gern ebbes her.

Als Beispiel wäre hier zu nenna:
Vor Kurzem war em Städtle drenna
Koi Schwobaseele weit ond breit.
Wo send au bloß dia viele Leut',
Die sonst die Innastadt beleba?
Hot's dô vielleicht a O'glück geba?

Dr Grond, dass d'Strossa lotterleer,
I sag's, - war schlicht ond oifach der:
'S „Rot Kreuz" hot g'sammelt uff de Gassa –
Drom hot koi Schwob sich blicka lassa!

I woiss, - was i jetzt hier han g'schrieba
Isch sicherlich leicht übertrieba!

Doch 2 Tag später, - i fand's glatt, -
War g'rammelt voll die Innastadt.
Ganz Stuagert hot sich dort romtrieba
Ond koiner isch drhoim geblieba,
Em Park dô hosch se hocka seh' -
Denn's isch a Haustürsammlung g'wä!

Onser alte Strampe

Manchmol innerlich voll Glück
Denk i viele Jahr zurück.
Lang isch's her, - Vergangenheit –
Mei o'beschwerte Jugendzeit.

Oi Beispiel bloß, - en Stuagert drenna, -
Do waret d' Leut no net am Renna.
Sia hend gemütlich, freundlich guckt,
Net hastig drängelt, hend net druckt.
Dr Schlossplatz, - ach was war der schee, -
Was han i g'staunt, wo i han g'seh
'S Neue Schloss ond's Staatstheater.
Domals han i mit meinem Vater
'S erste Mol a Oper ghört, -
Toll war's! I war total verstört.
„Die Macht des Schicksals" hend se geba –
A Glanzpunkt en mei'm jonga Leba.

Rechts vom Theater, - riesagroß, -
Am Karlsplatz drüba - 's Alte Schloss.
Dr'vor dr Schiller, - im Geiste frei, -
Nebadranna d' „Alt Kanzlei".
Dr Fruchtkasta, d'Markthalle voller Leba,
Bürokratatempel stehn dr'neba. -
Au en onsrer Ei'kaufsmeile,
Dr Königstross, gab's keine Eile.
'S hot net aus älle Läda dudelt, -
Mr isch flaniert, ond hot net g'hudelt.

Sogar die alte Strossabahn
Isch net mit einem Affazahn,
Sondern gemütlich ohne z' rasa
Zuckelt über d' Königstrassa.
Dia Bahna, dia durch d'Stadt kutschiert
Hend quietscht ond waret gelb lackiert.

Mr hot koi Großraumwaga braucht,
Zigarre hot mr damals g'raucht.
'S Trittbrettfahra war modern, -
Ond mr stand au liebend gern
Uff em Perron an frischer Luft, -
Denn enna war a übler Duft.

Kurzom, - dia Kärra waret voll,
Bloß ois, des war halt net so toll:
Des war der Schaffner, der em Waga
Hot om dr Hals a Kässle traga.
Ond der hot uffpasst ganz genau,
Daß jeder Fahrgast, Mann ond Frau
Net o'zahlt durch dr Waga lauft
Ond jeder a Billetle kauft.
Er hot auf Brecha oder Biega
Laut g'schriea: „Isch jemand zugestiega?"

So oiner zwängt' bei' ma Gedränge
Sich einst durch eine Fahrgastmenge.
Er frogt a Frau ganz ohne Scheu,
Ob sie grad zugestiega sei.
„Natürlich" moint se o'verfrora
„Glaubet Sia, i sei en dem Waga gebora?"
„Noi" – sagt dr Schaffner freundlich, nett –
„So alte Kärra hend mir net."

Dr gleiche Schaffner war's, der monter
Fuhr mit der Bahn zum Volksfest nonder.
Drucktvoll war's – Gottseidank schö' Wetter
So standet viel uff de Trittbretter. -
Bevor dr Schaffner d'Glocka ziagt,
Ond d'Strossabahn a Tempo griagt,
Schreit er nô en seim Waga drenna:
„Send jetzt älle, älle henna?!"
A Mô, der moint druff frank ond frei:
„Noi, - 's send au paar Göckel drbei!"

So war's en Stuagert schö ond recht –
Doch moin i, heut isch's au net schlecht!

15
Stammheim

Am Bodasee

Oiner von de schönste Flecka
Dia en Deutschland kosch entdecka,
Wo die Alltagssorga schwinda
Ond du kosch Erholung finda,
Isch, - ond dort isch's oifach schee, -
Em Süda onser Bodasee !

„Das Schwabenmeer“ wird's oft genannt,
Natürlich hend, - des isch bekannt, -
Au andre Länder wie die Schweiz
Dort Dörfla, - Städtla voller Reiz.
Lindau g'hört zum Bayernland
Ond Bregenz liegt an Österreichs Strand.

Von weither kommet viele Leut',
Ond des zu jeder Jahreszeit,
En die Städt on en d' Natur,
Erfüllt ond reich au an Kultur.
Oi Beispiel bloß, - em Gnadasee
Liegt als Insel wonderschee,

Umspült vom Wasser grea ond blau,
- Weltkultur ! - „Die Reichenau“.
Dort dia Kircha ond Kapella
Könnet vieles ons verzähla
Vom Leba einst an diesem Ort
Onder Gottes Geist ond Wort.

Oder fahrsch zur Mainau nom,
Gucksch de dort a bissle om. -
‘S hot zwor emmer viele Leut, -
Doch es isch a grosse Freud’
Dia wonderscheene Bluma seha,
Vor Exota-Bäumla steha,

Bei Banana ond Zitrona,
Ond du denksch: »Do mecht i wohna!«
Doch em Schloss, - wo liegt drhenter
Wohnt d’Bernadott’ mit ihre Kender.
Also gohsch halt wieder weiter,
Bleibsch bescheida - ‘s isch au g’scheiter!

Konstanz isch nô ‘s nächste Ziel.
Mr stoht ond guckt, wo einst ‘s Konzil
Isch so om 1400 gwä.
Viel Geschichte kosch do seh’.
Konstanz isch, - ‘s isch net verkehrt
Ällemol a Reise wert.

Schwenksch von Konstanz südwärts ei
Wirsch bald an ma Schlagbaum sei.
Siehsch d’Landesfahn mit „Weißem Kreuz“
No woisch, du bisch jetzt en dr Schweiz.
A Land wia aus em Bilderbuach,
Do lohnt sich jederzeit a B’suach.

Teuer isch's dort romzudappa
'S goht schwer an d'Fränkli ond an d'Rappa.
Als Gott der Herr vor viele Jahr
Erschuf das erste Schweizer Paar,
Fragt er den Mann: „Was willst du haben?"
„Viel Berge, Seen um mich zu laben."

Gottvater gab ihm Berge, Seen,
So wia mr heute no kann sehn.
„Was willst du noch, - ich geb mir Mühe"
Sagt Gott. - „Ich möchte viele Kühe"
Moint onser Schweizer dodruff keck
„Mit braune ond mit schwarze Fleck."

Kaum hot er's g'sagt, no war'n se dô.
Dr Schweizer fangt glei z' melka â,
Versuacht die Milch ond sagt zu Gott:
„Komm her, lang nô, kriagsch au an Pott."
Dr Herr trenkt aus, – die Milch war guat,
Frogt, was er jetzt no kriega tuat.

Für d'Milch do möcht er sich bedanka.
„Nex do, dafür will i 2 Franka!"
Voll Trauer über so viel Geiz
Verliess Gottvater schnell die Schweiz.
Kam nô zu ons en's Schwobaland -
Seither isch weit ond breit bekannt:

Gottes allergrösste Gabe
War ond isch ond bleibt der Schwabe !

Über de Wolka

En Stuagert, wo dia Flieger startet
Uff Starterlaubnis oiner wartet.
Zum Flugplatz Tegel en Berlin
Dô will der große Vogel hin.

Beim Start goht's steil, - dia Nas' nach oba,
Ond bald isch mr am Hemmel droba.
Em Flugzeug dren, - en dr Maschine –
Saß 1. Klass' a flotte Biene.

Die Stewardess, - so isch's ihr Pflicht,
Sie goht mit freundlichem Gesicht, -
Prüft en de Reiha Frau ond Mô,
Ob älls en Ordnung ganga kô.

Kommt au' end d' 1. Klass' zum Schluss,
Sagt, dass se kontrolliera muss,
Ob älles ordentlich ond recht. –
Nô staunt se aber gar net schlecht,

Als sie bemerkt en dera Klasse
Die flotte Biene, - zwar voll Rasse
Mit großem Ausschnitt, - kurzem Rock,
Sott nonder en dr 1. Stock.

Touristenklasse häb se buacht, -
Ond was se denn dô oba suacht.
Sie hett, - sagt se mit rote Ohra
En 1. Klasse nex verlora.

Secht ihr, sie sott nach onta hocka.
Die flotte Biene sagt bloß trocka,
Sie gang net weg von sellem Flecka, -
Sie könnt' se grad am A . . . jetzt lecka.

Die Stewardess war arg betroffa,
Isch glei zum Flugzeug-Führer g'loffa. –
Dem hot se brühwarm älles g'sagt
Ond ihm ihr Herzeleid geklagt.

Der moint nô schwäbisch kurz ond frei:
„I mach' des scho', - des hend mr glei."
Er goht nôch oba - 1. Klasse, -
Do hockt meh Masse als wia Rasse.

Vom Bundestag a paar Minister, -
Wichtigtuer ond Philister.
Ond älle reiset ohne G'wissa
Uff onsre Kosta, - mir send b'schissa.

Drzwischa drenn sitzt freundlich, nett,-
Die Dame ohne des Billett
Für einen 1. Klasse-Flug. –
Des grenzt schô beinah' an Betrug!

Dr Käpten goht zur Dame vor
Ond flüstert leis' ihr was en's Ohr.
Druff goht des Mädle, - ohne Spaß
Nach onta en d' Tourista-Klass'.

Die Stewardess hot freudig g'lacht
Ond frogt: „Wia hosch au des bloß g'macht?
Warom isch dui so schnell, - die Schlanga
Von 1. Klass nach onta ganga?"

Dr Käpten sagt: „Des war net schwer.
I sag bloß »Fräulein, - bitte sehr,
Wenn Sie wöllat nach Berlin,
Dô fliegt die 1. Klass' net hin.
En Tegel gôht bloß oine ronder –
Des isch dia Klass a Stockwerk dronter«."

Roschtbrôta mit g'röste Kartoffla

'S isch allgemein von ons bekannt,
Am gernsta send mir hier em Land.
Warom des so, - isch sonnaklar -,
Des Schwobaland isch wunderbar
Mit seine schöne weite Wälder, -
Mit Korn ond Kraut uff grosse Felder, -
Ond riesa Stauda voller Hopfa, -
An Reba wächst a guater Tropfa.

Ond gucksch en onsern Necker nei, -
Nô woisch, 's kô nirgends schöner sei.
Ond onser Essa isch a Gnad', -
G'schabte Spätzla mit ma schlonziga Kartoffel-Salat,
Gaisburger Marsch mit ra Saitawurst, -
A Bier vom Ländle für dr Durst.
Ond nôch em Essa hendadrei, -
A Viertele von onserm Wei'.

Bisch uff was b'sonders môl versessa,
Muasch Roschtbrôta mit g'röste Kartoffla essa.
Dr Roschtbrôta mürb, - wenn's goht recht gross,
Viel Zwiebel mit ra guata Soss', -
Kartöffele, - Rädle für Rädle a Gedicht, -
Dô lauft dr 's Wasser z'samma em G'sicht.
Jedoch kô's schwer en d' Hosa ganga, -
Duasch du des in Berlin verlanga.

Dr Karle isch g'schäftlich an dr Spree
Ond isch vor Hoimweh halba he.
Zum Trost will er môl schwäbisch essa, -
Uff g'röste Kartoffla isch er ganz versessa.
Am Kurfürsta-Damm en ma guata Lokal,
Dô b'stellt er freudig sei' schwäbisches Mahl.
G'röste Kartoffel mit Roschtbrôta ond Soss', -
Dr Ober notiert's ond wackelt glei' los.

30 Minuta send em Karle langsam verganga, -
Er haltet's schier nemme aus vor Verlanga.
Endlich sieht er dr Ober 's Tablett balanciera, -
Dr Karle tuat entsetzt en des Essa neistiera.
Neber'm Fleisch, dô lieget genau en dr Soss
2 Pellkartoffla, - wia Kendsköpf so groß.

Dr Karle stöhnt: „Ja om älles en dr Welt, -
I han doch bei Ihne g'röste Kartoffla bestellt."
„Sehr richtig" – sagt der Kellner zum Schwaben,
„Un det war'n de jrössten, die wir jefunden haben."

Vorschrift

D' Frau Schneider hot nô Landwirtschaft,
Sie hot ihr Leba lang bloss g'schafft.
Heut´ isch se alt, - hot weiße Haar, -
Die Kender send scho viele Jahr
Aus em Haus so fern ond weit,
Sie kommet halt zur Weihnachtszeit.
Ihr Mô lebt nemme, - ganz allei
Muass sie en ihrm Häussle sei.

Dr jüngste Bua lebt en dr Stadt,
Ond weil se halt so Sehnsucht hat,
Schreibt se, - sie möcht ihn wieder seha,
Sie tät am Sonntich zu ihm geha.
Dr Bua schreibt z'rück, wie er sich freu',
Dass zeitig er am Bahnhof sei.
Em Sonntich-Häs, - a Hüatle uff -
Fahrt d' Schneidere nach Stuagert nuff.

Dr Bua stoht do, - dr Zug fahrt ei',
Ond wieder naus, - ond ganz allei
Sieht oba er sei Muater steha,
Verzweifelt uff die Rolltrepp seha.
Er wenkt on schreit: „Fahr d'Rolltrepp ronder!"
Sie jammert: „I derf do net nonder!
Do stoht, des isch schier net zom saga,
Uff der Trepp muass mr Hunde traga.

'S isch Vorschrift von dr Polizei –
Ond i han doch koin Hond drbei!"

Logisch

Mei Nachbare, dui duat gern stricka
Se näht ond duat no d' Socka flicka.
Ond christlich isch se! – Do bisch baff –
Ihr Nähmaschin isch gar vom „Pfaff"!

Vor kurzem secht se zu ihr'm Gatte,
Als der a freie Stunde hatte:
„Helf mit, mei alte Nähmaschin,
Die isch scho lang kaputt ond hin.
Die schmeiss mr en dr Neckar nei –
Dort soll ihr letschte Ruhstatt sei."
Sie lässt ihr'm arma Mô koi Ruah, -
No fahrt er halt Mühlhausa zua.
Er lupft no schnell a Viertel Wei, -
Ond schmeisst des Deng en Neckar nei.

Ob er no klar bei Sinnen ischt,
So frogt en glei a Polizist. -
Der Mô erwidert ganz gekränkt,
Natürlich häb' er sich was denkt,
Ond was er g'macht sei eiwandfrei, -
Weil dia Maschin versenkbar sei!

Ballgeflüster

D' Frau Geheimrat Möwenpick
War zemlich kloi, - doch dafür dick.
Au dr Geheime Rat, - ihr Gatte,
Hot koine Hoor, - somit a Platte.
Brengt für sei Grösse, gar koi Frog
Fuffzig Kilo z'viel uff d' Woog!

Dia zwoi send zwor seit 30 Jahr
Bei'nander scho als Ehepaar.
Doch vom Glück vergangner Zeit
Send dia weg scho meilaweit.

Gemeinsam goht mr, wenn mr muss, -
Er em Frack ond mit Verdruss, -
Sui voller Schmuck uff alle Fälle
Zu seinesgleichen auf die Bälle.

Letzscht Woch' am Sonntag isch es gwä,
Do hosch die boide könna seh'
Em Schloss beim Grafa Dracula. –
Do war vielleicht a Sippschaft da!

Bei Champagner, - Kaviar, - Torta
Isch a riesa Krampf g'schwätzt worda!
Mr hot scho recht viel g'soffa g'hett
Ond sott, -'s wär 's Beste jetzt -, ens Bett.

Au dr Geheime Rat will ganga. -
Er tuat sein Huat ond Mantel langa,
Sucht d' Frau Geheimrat em Gewühle.
Die hockt gemütlich em Gestühle.

Wo sie ihrn Gatta hot erblickt,
Do guckt se gar net arg entzückt.
Sie sagt, - a bissle grea em G'sicht:
„Do schlurgsch daher, du kloiner Wicht!

Dein dicker Zenka isch ganz blau,
Ansonsta bisch du gnitzegrau.
Hosch kloine Auga, - rot umrändert, -
Wia hend de 7 Schnäps verändert!"

Der Mo,- mr sieht's,- isch ganz erschüttert,
Er sagt beleidigt ond verbittert:
„7 Schnäps! – Des sauf i nie!"
Voll Würde moint se: „Aber i!"

Dr Karle em Kreisverkehr

Dr Karle hot em Lotto g'spielt, -
Beim „Sechser" zwor drnebazielt,
Doch en dr Zusatzwett' hot's klappt,
Dô isch er voll en's „Schwarze" dappt!

Er hot vor lauter Glück schier g'sponna,
Denn er hot an Mercedes g'wonna.
Des war zwor guat, - schlecht war drbei,
- dr Karle hot koin Führerschei!

Doch denkt er sich, - ‘s wär koi Problem,
Den Führerschei mach er bequem.
Inzwischa, seit er des hot g'sagt,
Isch er am Boda, - ganz verzagt.

Scho 6mal isch er, - ‘s isch net g'loga
Beim Führerschei durch d' Prüfung g'floga.
Heut' goht's zum 7. Mal en d' Stadt,
Wo er zu absolviera hat

Rückwärtsfahra, - Kuppla, - Schalta,
Dr'bei no d' Übersicht behalta.
Die Prüfung war fürwahr a Graus, -
Erledigt kommt dr Karl nach Haus.

Er schluchzt ond klagt dann seinra Frau
Er häb' doch uffpasst ganz genau.
Secht: „‘S war bei Calw, en Hengstett oba
Der Lehrer fangt grad a zu loba,

I sei heut prima, - net zu schnell, -
Do seh i vor mir a Rondell.
Drvor a Schild – ond druff stoht **30**
Nô han i dapferle ond fleissig

Natürlich 30mal den Kreis
Omrondet, - ond des war wohl Scheiss!"
Sei Weible seufzt, gibt ehm en Kuss,
Secht: „Mach dr deshalb koin Verdruss.

Des Fahra en dem Kreisverkehr.
Des isch ganz sicherlich arg schwer, -
30mal, - des ging mir ebaso –
Beim Zähla hosch de halt verdo!"

A Obergscheidle

Em Schwobaland isch's oifach schee!
Uff onsrer Alb kosch Wonder seh',
D' Natur en ihrer volla Pracht, -
Ob's regnet oder d' Sonna lacht.
Au heut' en dr Computerzeit
Ziehet friedlich meilaweit
Über sturmumtoste Erde
Schäfer nô mit ihrer Herde.

Weit oba beim Franz-Keller-Haus,
Jagsch heut koin Hond vor d' Türa naus.
D' Sonn hot zwor g'scheint, doch kalt isch gwä,
Do hosch dr Hannes könna seh', -
Er zieht mit seine Schof en Ruh
Dr Reiterles-Kapella zu.

Dort uff dr Stross hält z'mol a Waga, -
A Mô steigt aus, - en Schlips ond Kraga,
Mit Aktamapp, - er tuat arg wichtig, -
Verzählt em Hannes, er sei tüchtig
Ond er könnt, - er mach a Wett, -
Ihm saga, wie viel Schof er hätt!

„Wenn i des richtig sag ond woiss, -
Kriag i von dene Schof nô ois?"
„Von mir aus" brommt der Hannes bloss,
Do legt der Kerle richtig los,
Tippt Zahla en Computer nei,
Môlt Kurva, brabbelt ällerlei…

Ond rechnet ... macht nô a Tabell' –
Grinst: „Gell dô gucksch, du alter Gsell!
Aus der Berechnung raus ergibt sich
Genau die Anzahl 170!"
Der Schäfer druff: „Des hosch verrata, -
Von mir aus kosch a Schof verlada."

Der Mensch strahlt, secht: „I ben so frei."
Ond setzt a Viech ens Auto nei.
Dr Hannes rümpft sei rota Nas'
Ond fordert ebafalls a Chance.
Er könne saga als Revanche
Dem Andra sei beruflich Branche.

Die Wette gilt, dr Hannes tippt:
„Sia send en ihr Maschin verliebt,
Sia kommet von Gott woiß woher,
Sia dent, als ob a Depp i wär,
Verkaufet mir, was i scho woiß
Als Neuentdeckung ond brandhoiß!

Koi Mensch hot sie hierherbestellt!
Ond sia dent so, als ob die Welt
Abhängig wär von ihrm Theater -
Sia send a Marketingberater!" -
Dr Fremde glotzt - jetzt nemme heiter -
Ond nickt, - dr Hannes brägelt weiter:

„Jetzt gehn se nüber zu ihrm Karra
Ond gebet glei, bevor se fahra,
Wia abgemacht ond ohne Trick
Sofort mein Schäferhond mir z'rück!"

„Handicap“

Hen d’ Leut z’viel Geld ond Langeweil, -
Nô kaufet se sich a paar Gäul.
Gar manche hocket ganz verschoba
Uff ihre arme Viecher droba.

Wieder and’re, - ‘s isch a Graus,
Dia gebet a Vermöga aus
Für Schläger, - Bäll, - Elektrokarra, -
Dia dent von Golf- zu Golfplatz fahra.

Ond send se guat, - beim Spiel koi Depp,
Nô hend se bald a „Handicap“!
Seit Tennis isch net mehr so „in“,
Brengt jetzt bloß Golf „Image-Gewinn“.

Beim Spiel wird stondalang versucht,
- die meiste Zeit dr Golfball g’sucht, -
En 18 Löcher wird probiert,
Des kloine Bälle neibugsiert.

Vor kurzem kam, - es isch kaum g’loga, -
Am Platz, - Loch 10 -, vorbeigezoga
A Leichazug, - ganz vornadraus
D’ Musik, - so goht’s zum Friedhof naus.

Der Golfer am Loch Nummer 10,
Er blieb voll Ehrfurcht ruhig stehn, -
Nemmt auch vom Kopf sei Kapp en d’ Hand,
Bis dass der Trauerzug entschwand.

Sei Kumpel moint nô ganz versonna
Es sei ihm nia en Sinn neikomma,
Dass des sein Sportsfreund so berühr',
Er so gefühlvoll reagier.
Ond dass er sehr hoch achta tät
Die Geste nobler Pietät.

Der Golfer am Loch 10 sagt milde:
„Mein Freund, - damit du bisch em Bilde,
I fend ganz oifach, dass sich's g'hört -
Des war mei liebe Frau mir wert.“

A trauriger Fall

Dr Gottlob isch a armer Tropf,
Viel Hirnschmalz hot ‘r net em Kopf.
Er hockt dia meischt Zeit en de Beiza
Bei Leberkäs ond a paar Weiza.

Letscht Woch hockt er em „Goldna Stier“
Ond schlürft behaglich an sei’m Bier,
Do hört mr plötzlich ‘s Telefon,
Kurz druff kommt nô em Wirt sei Sohn
Ond secht: „Do isch a G’spräch für di.“
Dr Gottlob horcht, - ihm wacklet d’ Knie.

Er duat an Schrei, wankt an sein Platz
Ond heult, - brengt raus koin richt’ga Satz.
Nach fenf Minuta schluchzt er’s raus,
Mit seinem Vatter sei es aus.
Mr hot en tröstet, - nôch ma Weile –
Do hört au uff nô sei Geheule.

Z’mol hot des Telefo no’ mal
Losbimmelt durch des ganz Lokal.
Dr Gottlob wollt mr wieder sprecha, -
Der jammert los zom Herzzerbrecha:
„Jetzt isch dr Tag voll ganz verdorba!
Meim Bruader sei Vatter isch au grad g’storba!“

Irren isch manchmol „göttlich“

Dr Gottlob isch em ferna Rom
Bediensteter em Petersdom.
Er derf direkt dr Papst betreua,
Do isch er stolz, - des duat ‘n freua.
Früh am Morga muass er ‘n wecka,
Dr Kopf zom Papst en’s Zemmer strecka.

Er sagt, d’ Sonn wär am Hemmelszelt,
Ond ‘s häb grad eba sechse g’schellt.
Dr Papst sagt huldvoll: „Lieber Sohn,
Ich ond der Herrgott wissen’s schon.“
Tagtäglich macht er so sei Tour,
Äll Tag dia gleiche Prozedur.

„‘S wär sechse, d’ Sonna scheint scho’ mild!“
„Ich ond dr Herr send scho em Bild.“
Als drei Wocha waret rom,
Wurd’s em Gottlob langsam z’domm.
Er streckt sein Kopf, wia ‘s isch sei Pflicht
Ond sagt (er hot a Wuat em G’sicht):

„‘S isch sechse, - d’ Sonna scheint scho schön!”
„Ich ond dr Herrgott haben ‘s gesehn.„ –
Do bricht ‘s aus onserm Gottlob raus,
Beleidigt schreit ‘r durch ‘s ganz Haus:
„Nex wisst Ihr zwoi, - des sag i Euch fei, -
Schiffa duat ‘s! – Ond ‘s isch erst halb zwei!“

MIR BAURA

Bürgernähe

A Bauer kriagt, - des isch ja klar –
Am meista Euro für sei' War',
Wenn er direkt en d' Stadt nei goht, -
Am Beschta uff dr Marktplatz stoht,
Bei Hitze ond bei schlechtem Wetter
Sei War' verkauft direkt an d' Städter.

So macht des au wie jedes Jahr
Dr Eugen heuer wieder wahr.
Mit Filderkraut sein Karra g'füllt
Stoht er am Marktplatz rom ond brüllt:
„Filderkraut, - ganz frisch ond lecker, -
Heut morga g'erntet von de Äcker!"

Natürlich kaufet d' Leut au ei, -
Z'mol hagelt Eugen na a Schei'
- 10 Euro en a Kandel nei!
A Wendstoss kommt ond - 's isch koi Wonder -
Den Geldschei' weht's en d' Dôla nonder.

Er verzählt die traurig G'schicht
Em Polizist, - der macht Bericht,
Sagt nô: „Es bleibt nix o'versucht,
Ab morga wird der Geldschei' g'sucht."

Mit frischem Kraut a Wocha druff
Fahrt Eugen d' Königstrossa nuff, -
Biegt ei, wo's na zum Marktplatz goht
Ond dô, wo sonst sei Marktstand stoht,
War abg'sperrt ond a Riesa-Bagger
Grubelt rom wia uff ma Acker.

Dr Eugen staunt: „Ja heidanei! -
Dia suachet emmer nô mein Schei'!"
A Stuagerter stoht rom ond gafft
Nei en des tiafe Loch, des klafft.
„Des glaub i net."" secht der ond bruddelt:
„Beim Rathaus wird bloß Geld verbuddelt!"

Deutsche Werft

Dr Schwob, - der sehnt sich oft weit fort
Von seinem schöna Heimatort.
Er will hinaus en d' weite Welt, -
Wenn's goht für möglichst wenig Geld.

Au' Gottlobs Wunsch ond grösstes Streba
War, - en dr Fremde was erleba
Was er drhoim bei Rind ond Kalb
Uff seiner schöna schwäb'scha Alb
Nie sehn ond nie erleba kann
Als Älbler ond als Bauersmann.

Als d' Ernte war en Stall ond Scheuer,
Beschloss mr bei dr Erntefeier:
Dr Ausflug gôht nach Norda nuff, -
En Hamburg machet mir oin druff.

Em Bus vom Bier scho halba b'soffa,
Send se en Hamburg eingetroffa.
'S war früh am Tag, - dr Gottlob meint:
„Weil d' Sonna jetzt so herrlich scheint,
Gang i an Hafa, - i will seha
Wia d' Dampfer Elbeabwärts geha."

Begeistert ond mit grosser Freud'
Sieht er viel Schiffla lang ond breit.
Er guckt ond hot nô au bald g'sichtet
A Werft, wo d' Schiff wernd wieder g'richtet.

Nô sucht 'r Stoiner, gross ond klei
Ond schmeisst se nô en d' Elbe nei.
Noch 50 Stoi kommt er en's Schwitza
Ond tuat sich uff a Bänkle sitza.

A Mann von Hamburg setzt sich nâ
Ond guckt dr Gottlob freundlich â.

Sagt: „Etwas kann ich nicht verstehn, -
Weshalb Sie hier am Ufer stehn
Und schmeissen ständig Stein um Stein
In die Elbe hier hinein."

Dr Gottlob fuchtelt rom wia wild, -
Er deutet uff a grosses Schild.
„Wo mr dia Schiffla baut dort drüba
Stoht gross ond deutlich angeschrieba
»Deutsche Werft«", erklärt er schlicht
„Do werf' i mit – des isch mei Pflicht.

Ben von dr Alb aus echtem Schrot
Drzua a guater Patriot!"

An dr Tälesbahn

Bisch du en Württemberg gebora,
Hosch du dei Herz an's Land verlora. -
An d' Schwäbisch Alb, - an's Neckartal, -
An alte Städtle, - eng ond schmal.
An d' Schwobaleut', - oft rauh ond derb,
An onsern Wei', voll G'schmack ond herb.
Du spürsch, - von deinem Heimatort
Möchtsch du dei Leba lang net fort.

Doch manchmol will dr Schwob au gerne
In die Fremde, - naus en d' Ferne.
Womöglich bis en's Badnerland…
Doch, - es isch allgemein bekannt, -
Kaum isch er fort, - no ziagt's ihn z'rück,
Em Schwobaland, do isch sei Glück. –
So isch hat d' Schwobaseel' gespalten
Dank onsres Herrgotts weisem Walten.

Uff onserer Alb, do isch es g'scheh, -
A Bauersfrau hosch könna seh',
Sie goht em Sonntichhäs mit Hut
Zum Bahnhof, froh und wohlgemut.
Am Bahnsteig waret koine Leut',
Koi Menschaseele weit ond breit.
Au vom Zügle nex zu seha, -
So bleibt se halt geduldig steha.

Z'mol kommt mit roter Kapp a Mô,
Ond den schwätzt se glei' au â.
Sagt, wega ihra ganz allei,
Do miasst dr Zug net g'fahra sei.
An dr Zeit dät's ihr net klemma,
Se dät halt 's Zügle morga nemma.
„Jetzt bleibet se, - dr Zug muss komma, -
I seh' ihn scho dohenta dromma."

Tatsächlich kommt die Tälesbahn
Ond haltet au' am Bahnhof an.
Oin Waga hot der ganze Zug,
Ond des war ällweil meh wie g'nug. –
Koi Mensch isch en dem Waga g'wä,
Des hot die Bäuere au glei g'seh.
Zum Wagaführer lauft se vor
Ond schreit zum Fahrstand ihm empor,

Für sui braucht er net weiterfahra, -
Er könnte seine Kohla spara.
Sie käm halt morga wieder her, -
Do wär's bestimmt net gar so leer.
Dr Wagaführer lacht verschmitzt, -
Moint, dass ihm 's Warta gar nix nützt.
„Steiget se ei, - on des möglichst glei, -
Mir hen nämlich au no an Eilbrief drbei."

Hilfsbereitschaft

Ach was war des für a Zeit, -
Net so hektisch war's wia heut.
Mr isch no net durch d' Landschaft g'fegt, -
Hot sich gemütlich nô bewegt.
Viel Hilfsbereitschaft konnt'sch erleba, -
I will Euch hier a Beispiel geba:

'S war uff dr Schwäb'sche Eisebah', -
Em Abteil hockt a dicker Mâ.
Dick isch gewaltig ontertrieba, -
Dr Speck hangt hüba ond au drüba
Über'n Gürtel, d' Hosa nonter.
Sei' Schweineäugla funklet monter.

Er sagt, er fahr bis Durlesbach,
Do sei sei Häusle, 's ganze Sach …
Er häb 10 Säu, häb Henna, Göckel, -
Lacht z'frieda über'n ganza Möckel.

Als Durlesbach nô kommt en Sicht,
Do macht er a bedenklichs G'sicht.
„I hoff'," so sagt er voller Sorga,
„Es goht mir net wia gestern morga. –

Weil i so dick ben, 's isch a Graus, -
Komm i zum Zug bloß rückwärts naus.
Kaum war i uff em letschte Tritt,
Kommt oiner: »Wöllet Sia no mit?« -
Will b'sonders hilfsbereit mir sei, -
Schiebt mi en Waga wieder nei.

Ond rom ond nom fuhr' i sodann,
Weil jedsmol wer zom Helfa kam.
Sott's wieder so wia gestern sei, -
I han a Vesperbrot drbei."

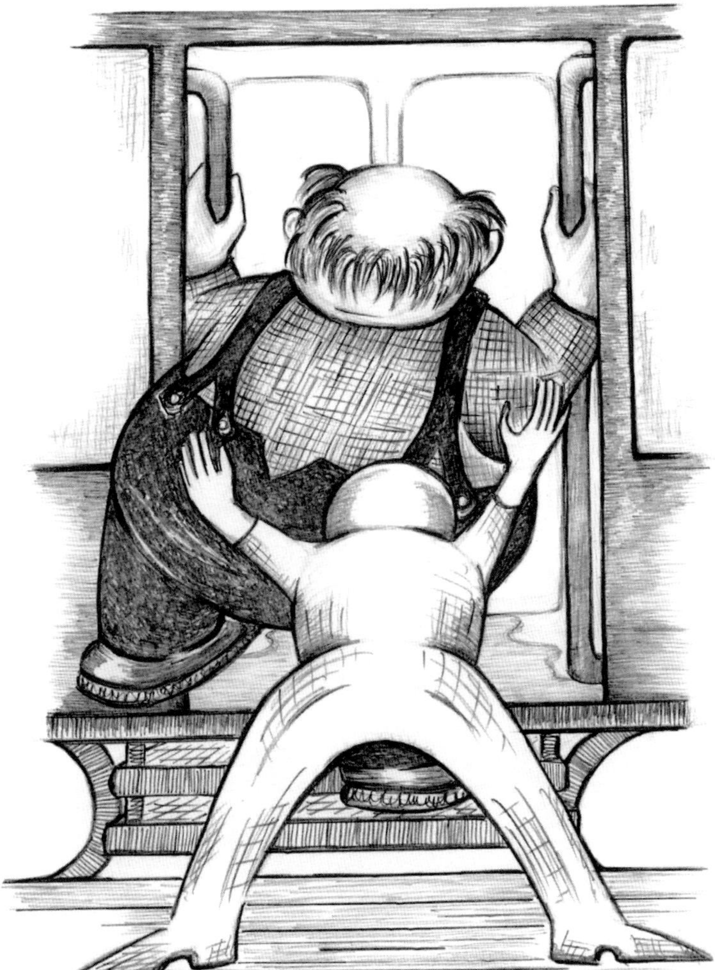

G'sondheit isch wichtig

'S isch Herbst ond d' Ernte en dr Scheuer, -
Scho brennet au d' Kartoffelfeuer.
Bloß d' Äpfel send no an de Äst', -
Verlassa manches Vogelnest.

No a paar Tag, - nô isch's voll g'schafft, -
En d' Moste goht's zum Apfelsaft.
So gôht's ganz sacht em Wenter zua, -
Mensch ond Natur kommet langsam zur Ruah.

Es denkt sogar manch Bauramâ
An sei G'sondheit jetzet drâ.
So au dr Gottfried aus Schönaich –
Er isch en letschter Zeit arg bleich,
Ond fühlt sich halba hee ond matt. –
Nô goht 'r halt zum Arzt en d' Stadt.

Dr Doktor ontersuacht 2 Stonda. –
Hot allerdings koi Krankheit g'fonda.
Moint nô, er sott vor allen Dingen,
Zur Ontersuchung 's Wasser bringen.

2 Wocha nôch dem Arzttermin
Dô siehsch a Frau an Waga ziehn.
An Leiterwaga mit ma Fass,
Sie zerrt en hoch dia steile Gass'

Zom Doktor, wo dr Gottfried gwä'. –
Dô blieb se mit ihr'm Waga steh'.
Sie läutet, - nô goht's Fenster uff,
Des Weib plärrt glei' von onta nuff:
„I ben d' Kätter, - d' Bäuere von Schönaich, -
Ond en dem Fässle han e meim Gottfried sein Saich."

A wackrer Gôg

Em „Adler“ hockt a Gôg beim Wei’, -
Dô kommet 3 Studenta rei.
Dia hocket sich, - ohne zu froga
An gleicha Tisch nô zu dem Gôga.
Dem passt des net, er steckt sein Zenka
Tief en sei Glas nei, om zu trenka.

‘S send koine Schwoba, diese drei -
Sia schwätzet über ällerlei,
Ond diskutieret emmer kecker,
Des goht dem Gôga uff der Wecker.
Weil von dem Gschwätz er gnuag bald hat,
Entfaltet er sei Wochablatt.

D’ Studenta stichlet, gebet koi Rua,
Mustret dia Zeitung ond moinet drzua,
Daß nur ein Mensch von schlichtem Wesen
So a Käsblatt könne lesen.
Des könnt mr bloss drzua benutza,
Om sich dr Hentra abzuputza.

Der Gôg senkt druff sei Blättle ra,
Ond brommt dia Kerle narret a:
„Ha, jetzetle! Des isch dr Grund!
Deshalb hör i aus euerm Mund
Bloss Mischt ond Saich - bei älle drei,
Des kommt von eurer Putzerei!

Bei euch, ihr jämmerliche Tröpf
Sen d’Ärsch viel heller als wia d’ Köpf!“

Blättle
HA NO

MIR POLIZISTA

Kontrolle muss sei

Könntet heut' no onsre Ahna
Seh', - was uff de Autobahna
Ond au sonst uff onsre Strassa
D' Leut' mit ihre Auto rasa, -
Sie wäret vor Verwund'rung platt, -
Wie sich ihr Welt verändert hat!

Des Autofahra isch zwar schee,
Doch gibt's, -des woiß mr, - emmer meh',
Dia dehn, was g'setzlich net sott sei:
Dia fahret ohne Führerschei!

Deshalb isch guat, dass d' Polizei
Kontrolla macht so dronternei.
Duat mr so an Gauner schnappa,
Muass der an Batza Geld berappa
Ond uff Schusters Rappa dappa!

Vor Kurzem an dr Autobahn
Haltet d' Polizei oin an.
Dr Polizist setzt uff sei Kapp'
Ond sagt zom Fahrer kurz ond knapp:
„D' Papier vom Auto ! – Führerschei !"
Dr Fahrer langt en Kittel nei.

Er fuchtelt, - glotzt nô wie besessa:
„I han mein Führerschei vergessa.“
Sagt er ond ‘s isch ihm sichtlich peinlich.
Dr Polizist, - er isch net kleinlich, -
Moint: „Des kô jedem mal passiera, -
I muss Ihr’n Nama mir notiera.“

Dr Fahrer, - so a knitzer, schlauer, -
Erklärt: „I hoiss Franz Beckenbauer.“
Dr Polizist war stinkesauer:
„Von wega Franzl Beckabauer! –
I will uff Ehre ond Gewissa
Jetzt Ihren rechta Nama wissa!“

„Von mir aus“, secht dr Fahrer spröde,
„Richtig hoiß i Johann Wolfgang von Goethe.“
„So isch recht, - emmer bei dr Wahrheit bleiba!“
Secht dr Bolle ond tuat’s en sei Büachle neischreiba.
„I glaub“, er mustert den Fahrer nô g’schwend
„Sia send au irgendwie prominent.
I hoff, dass Ihne des net nomal passiert.“
Dann hot er ganz ehrfurchtsvoll salutiert.

Flugpost

Dr Karle war, - wia's halt so ist
A netter, guater Polizist.
Wohlbekannt em ganza Städtle, -
Bei de Buaba, - bei de Mädle.

Alt ond jong, dia hend sich g'freut, -
Für Jedermann nemmt er sich Zeit
Für a Schwätzle ond an Spass
En de Häuser, - uff dr Gass.

Oimal stoht'r, - g'regent hat's,
En dr Stadt am Rathaus-Platz.
Plötzlich kommt dr Postler Fritz
Uff seim Rad oms Eck rom g'flitzt.

En ra Pfütze hot's en dreht
Ond vom Rädle ronderg'weht.
Dr Bolle Karl muass herzlich lacha,
Moint: „Fritzle, was mach'sch du für Sacha!

Du bisch doch a Granata-Lackel, -
Gib's bei dr Poscht nô meh so Dackel?"
„I ben dr Letscht" – sagt Fritz nô glei' -
„Dr Rest isch bei dr Polizei."

MIR OND D' GEISCHTLICHKEIT

Adieu, Herr Pfarrer

A jedes Dorf ond isch's au klei, -
Hot a Kirch mir râ Pfarrei.
Am Sonntag wird en jedem Ort
Gepredigt über Gottes Wort.

Es gibt viel Pfarrer, - alt ond jong,
Dia predigat mit Kraft ond Schwong.
Ihr Predigt gibt viel Zuversicht,
Selbst em kloinsta Kirchalicht.

Doch wia's halt isch em Menschaleba,
Manch Geistlicher, - trotz ällem Streba
Wird nia a guater Redner sei, -
Bei dem schloft d' halb Gemeinde ei !

So war des au, - i sag net wo, -
Dô war dia ganz Gemeinde froh
Ond konnt vor Glück sich kaum meh' fassa, -
- Dr Pfarr hot sich versetza lassa !-

Em März am Sonntich Judica,
Dô waret viele Menscha da.
D' Kirch war zom Abschied voller Leut', -
Dr Pfarr war selig, - hot sich gfreut.

Hot predigt nô, - ond seine Schof, -
Dia kämpfet bald scho mit em Schlof.

Viel zu langsam schleicht die Zeit, -
Endlich aber isch's soweit –
Er kommt von dr Kanzel ronder, -
Älle wernd jetzt wieder monder.

Ond z'mol rufet viele Leut', -
Ond dr Pfarrer hört's mit Freud:
„Hiergeblieba", - „Gang net fort", -
„Bitte bleib an sellem Ort!"

„Ach, - was han i viele Freunde
Hier am Ort en dr Gemeinde."
Sagt er gerührt, - de Träna nah,
Als er dr Bürgermeister sah.

Der moint: „Herr Pfarrer, i muss saga,
Sia solltet des mit Fassung traga.
Leider isch's net übertrieba, -
Dia wo g'schria hend: »Hiergeblieba!«
Send Leut', - i sag des frank ond frei, -
Aus Ihrer künftiga Pfarrei!"

Vielleicht isch des, was i han g'schrieba
Granatamässig übertrieba.
Dass i getrost kann weiterleba
Mögt all Ihr Pfarrer mir vergeba!

Geischtliche Gesetzestreue

A Rabbi en Jerusalem
Hockt em Flugzeug, - saubequem.
(Des Wörtle „Sau“, - des hätt’ ihn g’stört, -
Des hett er sicher überhört).

Er will a B’süchle macha, - z’ Rom, -
Voll Neugier au en Petersdom.
Bevor dr Flieger zuckelt ane, -
Kommt a Mô en ra Soutane,

Setzt sich beim Rabbi neba nô
Ond fangt au’ glei’ zum Schwätza â,
Erzählt, er sei em Vatikan
Als Bischof ganz weit vorna dran.

Kaum isch des Flugzeug en dr Luft,
Macht er sei Tasch’ uff, - ond a Duft
Von Schweinefleisch uff a ma Wecka
Zieagt vom Boda bis an d’ Decka.

Nô beißt er en sein Wecka nei,
Ond denkt, - wia schö könnt’s Leba sei
Mit Weib ond Kender, - jammerschad, -
Drgega isch halt ‘s Zölibat.

Als er sein letzta Bissa g’schluckt, -
Hot er zum Rabbi nüberguckt
Ond moint, - für ihn sei des net recht
Ond au für d’ Gsondheit erdaschlecht

Er, - Rabbi -, müasst enthaltsam sei, -
Des wär a große „Sauerei“!
„I ben bloß g’spannt“ – sagt er ond lacht
„Wann mr Euch a Schnitzel macht

Ond Ihr des esset mit Behaga.“
Dr Rabbi moint: „I will’s Euch saga!
I ess a Schnitzel von ra Sau
An Eurer Hochzeit mit ra Frau!“

Dr Bischof legt nô z’rück sein Grend,
Träumt sehnsuchtsvoll von Frau ond Kend.
Dr Rabbi denkt nô: „Om’s Verrecka, -
Tät mir jetzt grad a Schnitzel schmecka.“

Doch koim Erfüllung wird beschieden, -
Weil die Gesetze dies verbieten.
Die Religion wird nie erfüllen, - - -
Gottes Willen !

Gottfried der Gesetzesbrecher

Gottfried, als Priester em schwarza Gewand,
Fuhr mit sei'm Rädle vergnügt über's Land.
D' Sonna hot g'scheint, -
er hot pfiffa ond g'songa, links ond rechts
send d' Hühner en Sicherheit g'spronga.

Wie schee isch doch d' Welt,
so hot er sich denkt, - Nemmt d' Händ von
dr Stanga, hot freihändig g'lenkt, Goht mit
Schwung en a Kurva, - do stoht d' Polizei –
Nô war's mit dem freihändig Fahra vorbei.

Der Bolle meckert, ob er net wüsst', - ohne
Pfota am Lenker sei des Fahra verbota!
Er könnt rahagla ond 's könnt a O'glück
passiera, - drom müsst er von ihm
10,-- Mark Strof ei'kassiera.

Dr Gottfried moint: „Noi, des kô gar net sei.
Mir passiert nix, i han emmer dr Herrgott
drbei!" Der Polizist schnappt nôch Luft
ond schreit: „Des isch stark!
Ihr send gar zu zwoit! – Nô kriag i 20 Mark!"

MIR OND D' DOKTOR

Leidensgenossa

Scho jonge Leut', - wer kennt des net,
Wern'd manchmol krank ond müasst en's Bett.
I will jetzt hier a Beispiel geba
Wia's zuagoht manches Mol em Leba.

Es war beim Bund, - bei de Soldata,
Dô waret môl 6 Kamerada
Uff oiner Stub em Lazarett,
A jeder hot sei Leida g'hett.
Tagsüber hend se Karta g'spielt, -
Môl g'lesa oder au blos trialt.

Am Montag-Morga kommt d' Visite, -
Dr Oberstabsarzt en dr Mitte
Frogt glei' dr Erste, was ehm fehlt.
Der hot ehm brühwarm nô verzählt:
Er ond dia neba ihm, - dia vier, -
Send wega Hämorrhoida hier.

Dr Oberstabsarzt frogt nô glei:
Wia die Behandlung bei en sei.
„Mir werdet pinselt, - 3-mal täglich, -
So isch dr Schmerz em Arsch erträglich."
So sagt von dene fünf dr oi', -
Ond dass sonst äll's en Ordnung sei.

Dr Doktor goht zum Sechsta nô,
Er schwätzt en au ganz freundlich â:
„Was hemmer denn - was isch dô los?“
Nô sagt der Sechst: „Mei Not isch gross.
I han’s em Hals, - han dicke Mandla.”
”Wia tut mr dich, - mein Sohn – behandla?”

„Au i werd’ pinselt, - will net klaga –
Doch oines will e lang schô saga,
Ond Sia ganz dringend darom bitta,
Daß dia mit ihre Hämorroida -
Wenn’s gôht, - dass dia, - des hätt’ i gern
En Zukunft **nach** mir pinselt wern.“

Rentner werda isch net schwer…

Dr Gottlob isch en d' Rente ganga, -
Woiss nex meh' mit sich anzufanga.
Er bruttelt mit seim arme Weib
Dr ganze Tag zom Zeitvertreib.

Mol isch dr Kaffee z' stark, - mol z' schwach, -
Wega jedem Dreck gibt's Krach.
Sei Weib denkt oft, - es isch a Graus,
Des haltet jô koi Mensch meh' aus.

Oft lag se wach en ihrem Bett, -
Z'mol hot se an Gedanka g'hett.
„Mei Gottlob könnt a Buch studiera, -
Sich über G'sondheit informiera."

A G'sondheits-Buch, - des macht oin schlau, -
Zeigt Innereia samt Körperbau.
Weil Gottlob bald Geburtstag hat,
Kauft sie a Buch, - 600 Blatt.

Dr Gottlob war jetzt oft am Lesa, -
Studiert sei ganzes Innawesa.
Bisher war er pumperlgsond, -
Doch nun goht's los, - von Stond zu Stond

Liest er, was seinem Körper droht, -
Er fühlt sich krank, - scho halba tot.
„Mei Reissmatheis, - mei Hexaschuss, -
Des macht mir jämmerlich Verdruss."

Er schlottert, - klappert mit de Zeeh'
Isch sicher, er sei demnächst hee.
Er schnappt nach Luft ond atmet schwer,
Ruft: „Weib! - Schnell hol dr Doktor her!"

Dr Doktor kam au nach 2 Stonda, -
Hot allerdings koi Krankheit g'fonda.
Pro forma gibt er ihm 2 Pilla. -
Des war so ganz nach Gottlobs Willa.

Er dankt recht herzlich, - isch vergnügt, -
Dass sei Krankheit isch besiegt.
„Des rechn i Ihne hoch â, - i ond mei Frau."
Druff sagt der Doktor bloß: „I Ihne au!"

MIR OND D' SCHUAL

So isch nô au wieder

'S liegt lang scho z'rück, wo des isch g'wesa, -
Dass i han 's Schreiba g'lernt ond 's Lesa.
War en dr Schul net grad dr Hellste,
Allgemein net bei de Schnellste.

Guat war i bloß en Weltgeschichte,
Au bei de klassische Gedichte.
D' Poeta hier aus onserm Land,
Dia waret bestens mir bekannt.

Bei Uhland, Mörike ond Hauff,
Dô passt i ganz besonders auf,
Ond Schiller war mei gröschtes Glück!
Dankbar blick i gern heut z'rück

Uff all dia arme Pädagoga,
Dia mi damals hend erzoga.
Guckt mr heut en d' Klassa nei,
Isch <u>mei</u> alte Zeit vorbei.

Heut sieht mr viele Lehrerinna
Pädagogisch Fäda spinna.
Oft mit Charme ond Sexappeal,
Dazu mit weiblichem Gefühl.

Von <u>der</u> Zeit heut kô i bloß träuma,
Des älles musstet mir versäuma.
Zum Beispiel ois, - so vor 2 Wocha
Hot d' Lehrerin zur Klasse g'sprocha,

Zur 1. Reih' bis henta dromma:
„Am Montag wird dr Schulrat komma.
Send brav ond 's isch mei grosse Bitt,
Passet uff ond schaffet mit."

Dr Schulrat kommt, - 's isch „Englisch" drô, -
D' Lehrere schreibt an d' Tafel nô.
Dô fliegt ihr d' Kreide aus dr Hand, -
Sie bückt sich tief, - ihr Röckle spannt.

Nô schreibt se weiter frank ond frei:
„It is a lovely day today".
„So" - moint se „wer übersetzt des für mi?"
Dr Karle schreit glei: „Des mach heut i!"

„Des hoisst", so sagt er „Sapperlott!
Dia hot en Arsch! Des Weib isch flott!" -
Die Lehrerin, ganz fassungslos,
Wird bleich, dann rot, nô legt se los:

„Karle, - schäm de ond gang naus!"
Der guckt zum Schulrat, - nô bricht's aus em raus:
„Wenn scho koi Englisch kôsch, -
des sag i Dir fei, haltsch besser dei Gosch
ond sechsch net falsch ei!"

Seniora-Pisa

Mei kloiner Neffe war net dumm,
Der war uff dem Gymnasium
Ond hôt dort g'lernt Mathematik,
Latein ond Englisch und Physik.
Au von dr groß a, weita Welt
Hôt ihm dr Lehrer viel verzählt.

Des Büable war ganz aufmerksam,
Ond wie es nô nach Hause kam,
Dô secht dann dieser kloine Mann,
Er wöllt so gern an Globus han. –
Sei Vater glotzt ond poltert los:
„Dia Kender lernet Schwachsinn bloß!

Dia Schul macht di nô ganz plemplem!
Was fendesch du bei ons so schlemm?
Wo hosch bloß sotte Eifäll' her!
Du nemmsch dr Schulbus wie bisher!
Ond daß des klar isch - sowieso -
Hocksch du drhoim uff <u>onser</u> Clo!"

Feria

Schticht d' Sonna ra vom Hemmelszelt
Uff onser wunderscheene Welt,
Ond b'sonders ra uff onser Ländle
Am Donau- ond am Neckarsträndle, -

Nô woiss a jedes Schulerkend,
Dass jetzt bald Sommerferia send.
'S Lerna macht jetzt eh koin Spass,
Dr Rektor secht en jedrer Klass:

„Liebe, guate Schülerschar, -
Wir machet nô, - wia jedes Jahr
Zum Schulabschluss, - zu eurer Freud, -
En B'suach bei de Theaterleut'."

Wie's halt so isch, - „Nathan der Weise"
Finden viele einfach sch… - doof -,
Doch mr guckt sich's eba â
Ond goht en Gottes Nama nâ.

Die Lehrer kommet älle gern, -
Aus dr Nähe ond von fern.
Sie kommet teils mit Bahn, teils Waga,
Anspaziert in Frack ond Kraga.

Mit oigne Fraua, - des siehsch glei, -
Sui emmer 3 Schritt hentadrei.
Dia mit dr Freundin, Arm en Arm,
Posierat voller Stolz ond Charm'.

Die Lehrer ond au Lehrerinna
Send jetzet em Theater drinna.
Vom Parkett bis hentanom
Hocket Pädagoga rom.

Theaterchef frogt Inspizient,
Wieviel jetzt em Theater send, -
Isch ausverkauft? - 'S Theater voll?
Doch der moint, 's wär nô net so toll.

'S wär manchmol **voller**, - manchmol **leerer**, -
Doch nia wia heut so **voller Lehrer.**

GEORGE BERNHARD SHAW OND DR AUTOR

'S wird scho recht sei (fascht a Nachwort)

George Bernhard Shaw, dr grosse Spötter
Der hatte einen bösa Vetter, -
Der en dr Zeitung schrieb Kritik, -
Verriss so manch Theaterstück.
Er liess oft gar koin guata Fada
An so ma arma Literata.

George Berhard Shaw hot des arg g'stört
Er sagt zom Vetter ganz empört:
„Oh du uff deim Kritiker-Sockel!
Du bisch grad 's Gegatoil vom Gockel.
Dr Hahn der scharrt – so wia's halt ischt –
Om Korn zu fenda en seim Mischt.

Du scharrsch en Körner bloss zom Zweck,
Du fendscht vielleicht en Bolla Dreck!"

I wünsch', - Ihr hend viel Körner g'fonda,
recht viel Freud' ond schöne Stonda.

„SO KOCHET MIR DRHOIM“

Nei en d' Küche, raus mit de Töpf, -
Schurz om dr Ranza, -
nômal d' Griffel wäscha, -
„'s gôht los!“

Ond jetzt kommet a'andernôch dia guate Sächle, dia bei ons drhoim 'kocht werdet:

Flädle-Supp

Griessklössles-Supp

Leberknödel/Leberspätzla

Spätzla

Gaisburger Marsch

Fleischküachle

Kartoffel (Grombiera)-Salat

Schwäbischer Roschtbrôta mit Sauerkraut

Linsa ond Spätzla mit Saita-Würscht

Saure Kuttla

Uffzogene Dampfnudla

Flachswickel

Waffla

Käs-Kuacha

Äpfel-Kuacha mit Quark-Guss

Ofaschlupfer

FLÄDLE-SUPP

Drzua braucht mr:

200 g Mehl, 1/4 l Milch, 3 Oier, Salz, Muskat ond an Liter Fleischbrüh

A Flädle-Supp isch bodaguat,
Wenn mr se richtig macha tuat.:
Des Mehl, die Milch ond die 3 Oier,
- Des ganze Zeugs isch gar net teuer -,
Drzua nô Salz, a weng Muskat,
Verrührt mr zu ma Teig schö glatt.

En Schapfer von dem Teig kommt dann
En's Fett nei, - en a heissa Pfann.
Mr kippt dia Masse bis zom Rand
Passt uff -schnell isch dô was verbrannt-,
Ond backt so weiter Stück für Stück
Dia Pfannakuacha - jô net z' dick!

Mr legt se dann gelb-braun ond fett,
Zom Kühla uff a hölzerns Brett -
Oder en Teller, des isch grad egal,
Nô greift mr zom Messer seiner Wahl,
Ond schneidet dia Flada sauber ond fein
En gleichmässig dünne Streifele klein.

Nebaher versucht mr a paar Bröckel, -
Lupft nô vom Hafa ronter dr Deckel.
Dô drin hot mr inzwischa dia Fleischbrüh erhitzt.
- Guat uffpassa, dass des hoisse Zeug net spritzt! -
Dann schmeißt mr dia Flädla en dia kochend Brüh,
Scho fertig! Dia brauchet net môl meh zieh'.

Mit Schnittlauch wird des Süpple serviert.
A jeder lobt's, der's oimol probiert!

GRIESSKLÖSSLES-SUPP

Drzua braucht mr:

1/4 l Milch, 1 Stück Butter (ca. 20 g), 100 g Griess, 2 Oier,
Salz + Muskat, Fleischbrüh'

Milch mit Butter, Salz ond Muskat zom Köchla brenga,
- Nebabei vielleicht a schees Liedle senga, -
Do braucht mr sich überhaupt net geniera!
Nô dr Griess langsam neistreua – ond rühra ond rühra,
So lang bis dr Teig vom Boda goht weg.
Oi Oi dronterrühra, - ohne Oi hot's koin Zweck.

Dr Hafa vorsichtig an de Henkel fassa,
Des älles a bissele abkühla lassa.
Nô 's andere Oi en dr Hafa bugsiera, -
Des duat mr behutsam onterrühra.

Nô nemmt mr 2 Kaffee- oder Esslöffel en d' Händ',
Dâmit formt mr Klössla, bis schee oval dia send, -
Legt se dann en d' kochend Fleischbrüha nei -
15 Minuta - nô dürftet se fertig sei.
A wenig Peterleng druff, nô ka mr scho essa -
Uff dia Supp, Leut', isch a jeds ganz versessa!

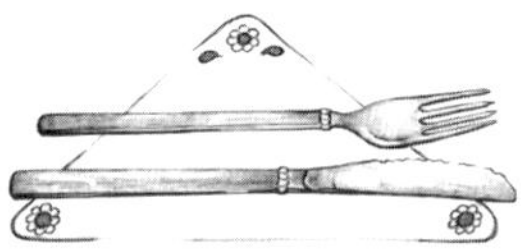

LEBERKNÖDEL / LEBERSPÄTZLA

Drzua braucht mr:

500 g g'hackte Leber, 2 Oier, 1 Bund fei g'hackta Peterleng,
3 Esslöffel Mehl, 1 fei g'schnittena Zwiebel, Salz, Pfeffer ond Muskat

Es isch ganz wichtig vor älle Denga,
Dia Zutata guat mit'nander vermenga!
Also, wia bei de Spätzla mit Gfühl ond mit Kraft, -
Ond isch mr von dem Kneta dann beinah g'schafft,
Wird's leichter, - mr nemmt en Teelöffel en d' Hand,
Macht eiförmige Klössla, oder - au des isch bekannt:
Schabt den Teig wia Spätzla en a kochende Brüh,
Ond lässt des ganze bis es fertig isch zieh'. -

Bei Klössla muass mr sich net arg sputa,
Dia brauchet bis se fertig send, rond 10 Minuta.
Bei Leberspätzla verfahrt mr genau
So wia bei normale Spätzla dann au.
Doch ganz alloi schmecket se boide fad!
Drom g'hört drzua an Kartoffel-Salat,
En dr Brüh kô mr's au essa, oder g'röstet mit Ei -
Egal wia mr's serviert, sie schmecket emmer fei'!

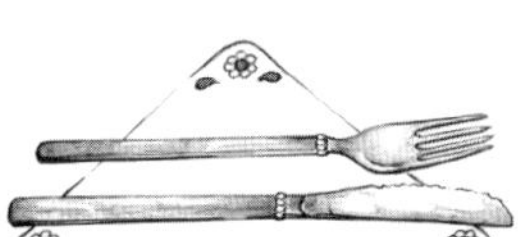

SPÄTZLA

Drzua braucht mr:

500 g Mehl, 6 Oier, a Schuckerle Wasser ond a Prise Salz

Spätzla macha isch net leicht.
Bis mr d' Meisterschaft erreicht
Koscht des viel Geduld ond Kraft.
I sag Euch jetzt, wia mr des schafft:

6 Oier, 's Mehl, Salz – jô koin Zucker!
Vom Wasser bloß en kloina Schucker,
Des duat mr en a Schüssel nei
Ond los goht nô die Kneterei.
Mit Armschmalz wird der Teig verklopft,
Bis aus dem Teig a Blosa hopft.
Portionsweis' nemmt mr'n aus seim Bettle,
Ond streicht ihn uff a hölzerns Brettle.
In einem Kochtopf tief ond breit,
Steht g'salzens Wasser scho' bereit.
Mit einem Messer, - hundsgemein -
Schabt mr ens kochend Wasser rein
Den Teig, der dann als Spätzle schwimmt -
Ond so sei irdischs Ende nimmt.
Wenn d' Spätzla steiget, - 's Wasser schäumt,
Dann wird dr Hafen ausgeräumt.
Im Seiher no en kalta Guss, -
Ond fertig isch dr Hochgenuss!

Am allerbeschta dent Spätzla ons nô schmecka,
Abg'schmälzt mit Butter ond Brösel vom Wecka.

Für O'gschickte:

'S isch Tradition bei ons em Land,
Dass mr Spätzle kratzt von Hand.
Doch wer do net so flink ond g'schickt,
Bestimmt die ander Art entzückt:

Mr stopft den Teig, - zäh sott er sei -
In einen Spatza-Drucker nei,
Setzt leicht des Deng am Kochtopf uff,
Druckt kräftig uff dia Hebel druff, -

Als fette Würmer purzelt glei
Der Teig ens kochend Wasser nei.
Mr rührt kurz om - Schaum steigt nach oba -
Ond schwupps! Send au dia Spätzla droba.

GAISBURGER MARSCH

Drzua braucht mr:
500 g Siedfloisch, Suppaknocha, 1 Zwiebel, 1 gelba Rüab, a groß Stück Sellerie, a Stück Lauch, Peterleng, Pfeffer ond Salz, wer's môg nemmt nô oi oder zwoi Lorbeerblätter ond oi oder zwoi Nelka zom Floisch ens Kochwasser. Extra drzua: 200 g Grombiera (Kartoffla), Spätzle

Des Siedfloisch ond dia Suppaknocha
Muass zwoi Stond e'ma Hafa kocha,
En Wasser, wo des Floisch bedeckt,
Mit Salz ond Pfeffer abgeschmeckt.
En kloine Stückla brengt mr d' Zwiebel
Mitsamt dem Gmüs' nei en dr Kübel, -
Doch erscht, wenn's Floisch scho beinah' zart,
Damit des Gmüs net z'arg vergart.

Sauber g'schält ond d' Auga ausg'stocha
Müasst d' Grombiera kloi gschnitta extra kocha.
Nô macht mr Spätzla drzua, - 's Rezept isch bekannt -,
Ond nemmt des fertige Siedfloisch en d' Hand,
Schneidet's en Stückla, dia miasst mundgerecht sei,
Dann kommt älles mitnand en oin Hafa nei.
Manche schüttet durch an Seiher den Sud,
Andre schmeckt's zamma mit em Kochgmüs gut.

-'s isch gleich - ! Wenn mr's rausschöpft aus em Gompa,
Beim Gaisburger Marsch lässt dr Schwob sich net lompa:
Uff jeden Teller kommet g'schmälzte Zwiebel,
Es hilft dr Verdauung ond schmeckt au net übel.
Gaisburger Marsch - do ko mr bloß saga,
Des isch a Genuss für Gauma ond Maga!

So isch dr Gaisburger Marsch entstanda:

Am A'fang vom 20. Jahrhondert waret en der Bergkasern en Stuttgart-Berg viele Offiziersanwärter als Soldata stationiert.
'S Essa, so hoißt's, war net b'sonders guat ond die Portiona au arg knapp für dia jonge Leut.
Dô hot's en Gaisburg a Wirtschaft geba, die „Bäcka-Schmiede".
Dr Wirt ond d' Wirte hend mit dene schmale Offiziers-Büabla Mitleid g'hett. Sie hend für die Soldata a preiswerte, guate ond kräftige Mahlzeit kocht aus Siedfloisch, Kartoffelschnitz ond Spätzla.
Dia Soldata send nô mittags aus ihrer Kasern em „Marsch" zur „Bäcka-Schmiede" ond hen dort den Eintopf g'essa, der inzwischa zom schwäbischa Nationalgericht worda isch.
Für d' schwäbisch Hausfrau a guats Essa für dr Samstig-Mittag.

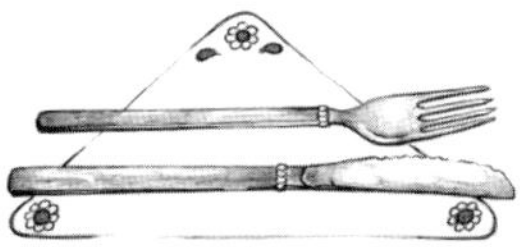

FLEISCHKÜACHLA

Drzua braucht mr:
500 g Hackfleisch, 1 Zwiebel ganz fei g'schnitta, 1 Bund g'hackter Peterleng, Salz, Pfeffer ond Paprika, 2 Oier ond 1 ei'gweichts Weckle

Zwiebel schneida isch a Kunscht,
Mr plärrt sich d' Auga rot em Dunscht.
Deshalb sott, wer's net guat kô,
Dia g'schnittne Zwiebel dämpfa â.
Doch wenn mr se hauchfei gschnitta nâbrengt,
Macht's nix, wenn mr's au roh en Fleischteig neimengt.

Mr würzt des G'hackte und mischt dann dranei
Den ausdruckta Weck, Zwiebel, Peterleng ond Oi.
Der Teig wird nô knetet mit äller Kraft,
Wenn älls ananand bäppt, isch 's meischte g'schafft.
Jetzt kô mr draus schöne Kugla macha,
Dia plattbatscha on em hoißa Fett rausbacha.

Mr dreht se en dr Pfanna g'schwend
Bis se durch ond knusprig send.
D'rzua schmeckt äusserst delikat
- Schwäbischer Kartoffel-Salat! -
Drneba an Trollinger, - nô bisch g'stellt
Ond z'frieda mit dr ganza Welt.

KARTOFFEL (GROMBIERA)-SALAT

Drzua braucht mr:
1 kg fest kochende Kartoffeln (Grombiera), 3-4 EL Essig, 1 TL Salz,
1/8 l lauwarme Fleischbrüh, 1 TL fei' g'schnittene Zwiebel,
z'letscht 2-3 EL Öl

A Kartoffelsalat isch a ganz b'sondrer Genuss
Wenn er, wia mr bei ons secht: „schwätza muss".
Des hoißt, er muass a weng glitschig sei,
- Uff koin Fall matschig wia en Brei, -
Au net trocka, dass er am Gauma bäppt -
Wia mr des macht? Dô isch 's Rezept:

Sauber g'wäscha kommet d' Kartoffla en Topf,
En kalt Wasser - wenn's kocht, dreht mr dr Knopf
Vom Herd a weng ronder, dass nix überschäumt halt,
Ond des Wasser schee über dia Grombiera wallt.

Nach etwa 25 Minuta isch 's dann so weit,
Mr sott allerdengs erscht mal nach dera Zeit
Mit ma Messer prüfa, ob gar se send.
Wenn ja, nô wern se abg'schüttet g'schwend.

Warm werdet dia Grombiera g'schält ond dann
Schneidet mr's en Rädla, so guat mr des kann.
Dia kommet en a Schüssel, druff dia Zwiebele fei',
Mr tuat dann des Salz ond dr Essig dranci,

Kippt Fleischbrüh druff, guat temperiert,
Dann wird des älles durch'nanderg'rührt -
Aber gefühlvoll, dass mr's net verdruckt,
Ond zom Ziehalasse uff d' Seita g'ruckt.

Die Ruhepause isch a Muss!
Dann kommt drzua zom guata Schluß
Des Öl, dass der Salat leicht rutscht,
Ond dass er weich durch d'Gurgel flutscht.

Mr tuat ihn nô oimol verrühra -
Dann isch er fertig - mr kô en serviera!
Gibt's drzua Wurscht oder Brôta mit Soss ond Spatza
Dô hauet se nei, - bis se schier platza!

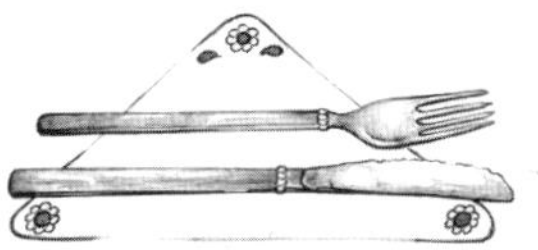

SCHWÄBISCHER ROSCHTBRÔTA MIT SAUERKRAUT

Drzua braucht mr:
4 Roschtbrôta à ca. 200 g, 4 Zwiebel, Salz, Pfeffer, Öl,
4 Esslöffel Butter, 1 kg Sauerkraut, 1 kloi g'schnittene Zwiebel,
100 g g'rauchter Schweinebauch, 100 g Schmalz, Salz, Kümmel,
1-2 Esslöffel Wachholderbeerla, 2 Lorbeerblätter, 1/4 l Brüh oder
Apfelsaft, Zucker ond Weißwei'

Dia Zwiebel schneida ond en Butter frittiera,
Nô dia Roschtbrôta klopfa ond mit Öl ei'schmiera.
Mr legt se en a knallhoißa Pfanna g'schwend,
Bis se inna a zartrosa Farbe hend.

Natürlich muass mr se dronternei wenda,
Dass se knusprig braun werdet vorna ond henta.
Doch bekommt's dene Roschtbrôta gar net guat,
Wenn mr 's uffwärmt oder warmhalta tuat.

Legt mr se en dia Pfanna nei,
Sott 's Sauerkraut scho fertig sei.
Ond drzua röstet mr Zwiebel ond Bauch
Am beschta em Schmalz, - ond nô muass mr auch

Des Kraut a weng mitbrutzla - bloß a kloi bissele,
Mr verdruckt die Wachholderbeerla en ama Schüssele,
Kippt se mit Lorbeer, Pfeffer, Salz ond dr Brüh'
En Hafa nei - des war dia ganz Müh'!

Môg mr 's Kraut milder, - dann kippt mr lieber
Statt Brüh' en Apfelsaft dô drüber.
Dr Deckel druff, - dann kocht's alloi
En ra Stond etwa wird's fertig sei.

Mr guckt en Topf, probiert wie's mundet,
Tuat Weißwei' nei, weil der abrundet.
A Gosch voll langt - die zwoite Runde,
Dia b'hält mr lieber en seim Munde.

Des hebt die Laune ond schmeckt net übel,
Mr belegt dann dia Roschtbrôta mit de Zwiebel,
Drneba des Kraut ond handg'schabte Spatza
Noch meim Rezept kô mr dia gar net verpatza,

Ond zom Essa drzua gibt's nô a Viertele Wei',
Des isch a Genuss - könnt grösser net sei!

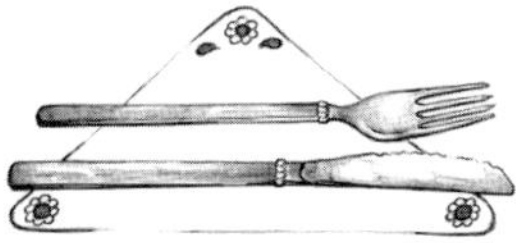

LINSA OND SPÄTZLA MIT SAITA-WÜRSCHT

Drzua braucht mr:
400 g Linsa, 200 g g'rauchter Bauchspeck, Salz, Pfeffer,
evtl. nô a weng Suppawürze ond en Schuß Essig.
Extra drzua: Spätzla ond Saita-Würscht

Dia Linsa guat wäscha - ond es isch guat,
Wenn mr se über Nacht kalt ei'weicha tuat.
Hôt mr vergessa, des abends zu macha
Oder 's wird oim plötzlich druff glüstig em Racha,
Nô kann mr au oifach en d' Küche neiwetza,
Muass se aber o'gwürzt en kalt Wasser uffsetza.
Sonscht bleibet se ewig winzig kloi
Ond bockelhart wia Kieselstoi.

Uff d' Linsa muass viel Wasser druff, -
Dia ganget nämlich mächtig uff.
Sie schmecket ganz besonders fei',
Schmeisst mr en Bauchspeck nô dranei.
Mr kocht se, - nach ra halba Stund,
Versuacht mr's mol mit spitzem Mund,
Ond send se woich, dann kommt dr Clou:
Mr kippt an Schucker Essig dazu.

Ond würzt des Ganze net zu knapp -
Des rundet nô des Essa ab.
Den Bauchspeck - en dünne Scheible g'schnitta -
Drapiert mr om dia Tellermitta.
Druff an Schapf Linsa ond nebadran
Frische Spätzla - ond zur Krönung kommet dann
Dia Saita-Würschtla frisch aus em Sud -
Des tuat jedem Schwobamaga gut!

SAURE KUTTLA

Drzua braucht mr:
1 kg Kuttla, 2 Zwiebel, 1 Lorbeerblatt, 1 EL Fett, 3 EL Mehl,
1/4 l Fleischbrüh, Salz, Pfeffer, 2 Nelka ond an Schuß Rotwei'

Kuttla kauft mr bei ma guata Metzger ei',
Wenn's gôht, sottet se scho fei' g'schnitta sei.
Drhoim tuat mr dia Kuttla wäscha ond nô
Kommt a kloig'schnittene Zwiebel dranô.
Em Salzwasser kocht mr dia Zwiebel ond Kuttla
Etwa 20 Minuta, - do kô mr net bruddla.

Derweil schneidet mr nomôl a Zwiebel klei,
Gibt Fett en a hoha Pfanna nei.
Dô drenna dämpft mr dann dia Zwiebel,
Rührt 's Mehl dr'zua en sellen Kübel.
Ond dôdraus wird bei großer Hitze
A scheena dunkelbrauna Schwitze.

Jetzt kommt dia Fleischbrüh no en's Spiel,
A Viertele, - net gar so viel -,
Damit löscht mr die Schwitze aus
Ond rührt a feines Sößle draus.
Salz drzua ond Pfeffer fei',
Dann 's Lorbeerblatt ond Nelka nei.

Nô kommt des ganze Ällerlei
Zu dene woiche Kuttla rei.
Dia lässt mr dann en dera Brüh
Guat romg'rührt nô a bissle zieh.
Zum Hochgenuss wird des Gericht,
Spart mr zom Schluss am Rotwei nicht.

Dia Kuttla kô mr mit Brot serviera
Oder mit Bratkartoffla garniera.

UFFZOGENE DAMPFNUDLA

Drzua braucht mr:
500 g Mehl, 2 Oier, 80 g Butter, 80 g Zucker, 1/4 l Milch,
1/2 Zitronaschal (abreiba!), a Prise Salz ond an Würfel Hefe
zom Gara dann: a Glas Milch, etwa 30 g Butter ond wia
mr's môg Zucker oder Salz

Wenn des „Gedicht“ dir soll gelinga,
Muasch älles ondranander bringa.
Es isch ganz o'bedingt vonnöta
Den Teig sehr guat zusamma z'kneta.

Isch er dann net zu fescht ond glatt
Tuat's guat, wenn er a weng Wärme hat.
Mr lässt en ganz en Ruah dann steha,
A Hefeteig muass richtig geha.

Wenn er dann dick ond pludrig isch
Nô legt mr'n uff dr Küchetisch,
Ond sticht mit ama Glas dann draus
Lauter gleiche Kreisla aus.

Tuat kloine Küachle draus bereita,
Ond stellt dia wiederom uff d' Seita.
Mr lässt se uffgeh, - guckt uff d' Uhr
An de 15 Minuta dauert dia Prozedur.

Jetzt holt mr a Kasserolle dr'zua,
Muass dô d' Milch ond dr Butter neitua,
Au Salz oder Zucker, - ganz nach Geschmack -,
Des älles z'samma köchelt mr ab.

Nô kommet dia g'formte Dampfnudla nei, -
Fescht dr Deckel druff! – Se dürftet fertig sei
Nach etwa 20 Minuta em Dampf gegart.
Oder môg mr se liaber a bissele hart,

Mit ra Kruschte dra, - au des schmeckt fei',
Nô kommet se offa en Ofa nei,
Môl g'wendet, dass dia Klöpsla härtet
Ond uff boide Seita knusprig werdet.

Macht mr se süaß, isst mr se bloß
Mit Kompott oder mit Vanillesoß,
Zu G'salzene schmeckt delikat
A Schüssele mit Blattsalat.

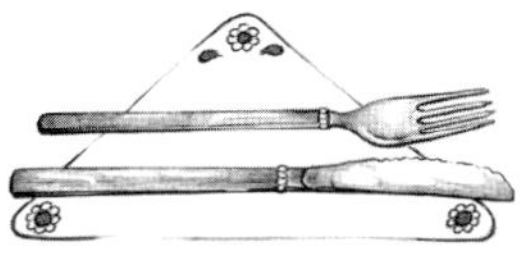

FLACHSWICKEL

Drzua braucht mr:

250 g Butter, 2 Oier, 1/2 TL Salz, 500 g Mehl, an Hefewürfel, 4 EL Milch, 250 g Hagelzucker ond 1-2 Oigelb

Mr tuat dr ganz Butter en a Schüssel nei,
Vermatscht en dann guat ond rührt drbei
Lang ond kräftig dia butterig Masse,
Wenn se schaumig aussieht, isch se klasse.

En lauwarmer Milch löst mr d' Hefe uff,
Ond kippt des G'misch uff's Mehl nô druff.
Mr nemmt dia Oier ond des Salz,
Drzua kô mr senga aus vollem Hals:

„Mir wellat niemôls auseinandergeh'",
Drbei schafft mr älls ondra'nander schee.
Mr knetet so lang, bis der Teig isch ganz glatt,
Wenn mr's bis dô nô g'schafft hôt isch mr fast platt.

Mr macht Pause - der Teig muass en dr Wärme geha,
Erscht nach 30 Minuta muass mr dann nach ihm seha.
Isch er guat ganga, dreht mr draus a Rolle,
Jetzt wird's spannend, denn jetzt kommt des Tolle:

Mr schneidet dia Rolle, macht kloinere Stückla draus,
Ond wargelt se oinzeln em Hagelzucker aus.
15-20 cm sottet dia Sträng dann sei -
Nô dreht mr's spiralförmig zu Flachswickel ei.

Dia schee uff a ei'gfettets Backblech setza.
Dô gehn se nomôl 20 Minuta - net hetza!
Uff 200-225 Gräder heizt mr dr Herd ei,
Beim Gas Stufe 4, bei manche bloß 3.

Dia Flachswickel z'letscht mit Eigelb bestreicha –
25 Minuta backa, - des muass nô reicha!
Uffpassa! Uff Flachswickel isch jeder B'suach versessa,
Der goht erscht wieder, wenn älle send g'fressa!

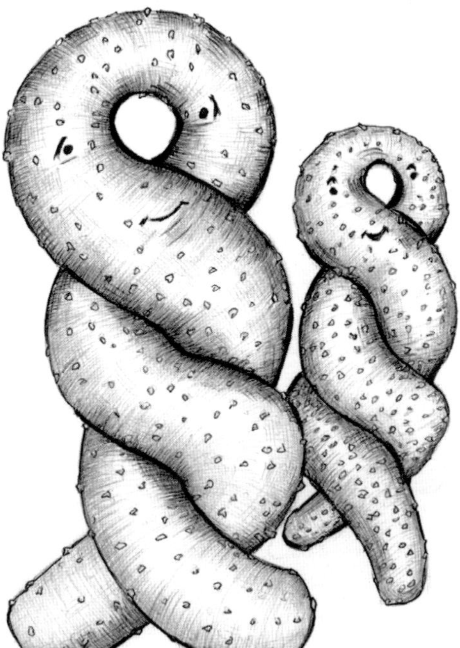

WAFFLA

Drzua braucht mr:
500 g Mehl, 400 g Zucker, 400 g woiches Fett, 6 Oier, a Prise Salz, ca. 1/2 l Milch, Vanillzucker ond wer's môg nô Zimt

Hoch isch jede Frau zu preisa
Wenn se hot a Waffeleisa.
Denn Waffla schmecket delikat,
Sei's morgens, mittags oder spat.

Des Fett kommt en a Schüssel nei,
Wird schaumig g'rührt so nebabei, -
Mr nemmt den Zucker ond 6 Oier,
Nô wird des guat ond gar net teuer.
Dia wandret en d' Schüssel zu dem Fett,
Des gibt a Masse, gelb ond nett.

Mehl ond Milch mischt mr nô dronter,
Der Teig wird guat, - 's isch au koi Wonder!
Mit 6 Oier, Fett ond Zucker
Schmeckt's Reiche ond au arme Schlucker.

Mr muass des Waffeleise öla,
Es isch egal, was mr tuat wähla,
Butter oder Öl sott's sei, -
Damit schmiert mr des Eisa ei'.
Ond isch es richtig uffg'heizt nô,
Dann fangt des Waffelbacha ô.

Mr schöpft mit 'ra Kella portionaweis
Den flüssiga Teig uff des Eisa hoiß.
Macht dr Deckel zua, lässt dia Waffla dren,
Bis se a knackig brauns Rändle hen.
Uff dr Teller mit Staubzucker, - oder mr nimmt
Au manchmôl drzua gern Zucker ond Zimt.

KÄS-KUACHA

Drzua braucht mr:

1. Für dr Teig 300 g Mehl, 90 g Zucker, 180 g Fett ond oi Oi

2. Für dr Belag 500 g Quark, 180 g Zucker, 60 g Mehl,
250 g Sauerrahm, 4 Oier, 1/2 Zitronaschal oder Vanillzucker

Mr knetet dia Teig-Zutata schee glatt, -
Legt den Klops nâ - ond dann wellt mr'n platt.
So, dass er, denn des Blech hôt a jeder,
Paßt uff dia Form 28 Zentimeter.
Des Blech wird ei'gfettet bis obanuff,
Dr Teig druckt mr leicht ond gleichmässig druff.

Jetzt kommt dr Belag, - des Beschte drbei!
Mr nemmt a Schüssel ond do kommt dranei
Quark, Rahm ond Zucker, Mehl, - ond wer will
Nemmt Zitronaschala oder Vanill.
Doch von dene Oier nemmt mr bloß des Gelbe,
'S Oiweiß bleibt weg, - weil des isch net dasselbe!

Des älles wird guat mitanander vermengt, -
Mr goht g'schwend do nô, wo dr Schneebesa hängt,
Schlägt des Oiweiß zu Schnee, weil mr zom Schluss
Den Oischnee onder dia Masse zieha muss.
Der Belag kommt en's Blech uff dr Kuachaboda -
Nô wäscht mr seine verschmierte Pfota.

Den Kuacha schiebt mr en Backofa nei,
Bei 200 Grad wird er fertig sei
Bis en etwa 1 ond 1/4 Stunda -
Ond i versprech: er wird älle munda!
Zu welchem Anlass isch ganz gleich -
Zur Taufe, Hochzich oder Leich.

ÄPFEL-KUACHA MIT QUARK-GUSS

Drzua braucht mr:

1. *Für dr Teig 300 g Mehl, 100 g Zucker, 200 g Fett (Butter oder Margarine) ond oi Oi*
2. *Für dr Belag 6-8 Äpfel, 50 g Butter oder Margarine, 125 g Zucker, 2 EL Sauerrahm, 3 Oier, 1/2 Zitronaschal, 500 g Quark, 2 EL Griess ond wer's môg 1 EL Kirschwasser*

Wia beim Käs-Kuacha kommt dr Teig en a Form,
Ond dann goht's an dr Belag - der isch enorm:
Mr schält dia Äpfel, macht au 's Kernhaus raus,
Ond schneidet oinzelne Äpfelschnitz draus.
Dia legt mr uff' 's Blech ond - es isch wichtig -
Von aussa nach inna! - Nô wird des richtig.

Weiter goht's: Es wird schaumig z'ammag'rührt,
- Möglichst d' Kleider net verschmiert, -
Butter, Zucker, 2 Oier ond nô
Kommet weitere Sacha dranâ:
Griess ond Rahm ond au dr Quark
(A Kirschwässerle drzua schmeckt bärastark),

A abg'riebena Zitronaschal dranei isch klasse,
Mr verrührt älles zu ra glatta Masse.
Ond dia tuat mr über dia Äpfelschnitz giessa.
Doch dass mr's kâ nô besser geniessa,
Kommt z'letscht a Tüpfele obanauf,
Mr streicht nô als andre Masse drauf:

Drzua mischt mr Rahm, oi Oigelb drbei,
Au kommet 2 Esslöffel Zucker dranei.
Scho fertig - des isch nô praktisch ‘s Dächle.
Des Blech kommt en’s vorg’heizte Backofa-Fächle.
Bei 200 Grad backt mr den Kuacha aus,
Rond 70 Minuta, - nô nemmt mr’n raus.

Stellsch den Kuacha deim B’suach nâ, kô i garantiera,
Der stoht dann äll Muggaschiss vor deinra Türa!

OFASCHLUPFER

Drzua braucht mr:
5 alte Wecka, 1/2 l hoiße Milch, 100 g Margarine oder Butter, 100 g Mondamin, 1 TL Backpulver, 1 Päckle Vanillzucker, 750 g Kirscha oder en Scheiba g'schnittene Äpfel, 1/8 l Milch oder 250 g Quark, 150 g Zucker, 3 Oier ond Zitronaschal

5 alte Wecka schneidet mr fei
En Scheibla, - ond giaßt obadrei
Dia hoiß Milch drüber, dass es pflatscht -
Damit des z'samma guat vermatscht.

Margarine oder au Butter wird frisch
Guat weichg'rührt bis se schaumig isch.
Ond en des schaumig Fett kommt nei
Zucker, Mondamin ond 's Gelbe vom Oi.

Mr nemmt älle 3 Oigelb dô drzua
Dann goht's weiter ohne Ruah.
Backpulver, Vanillzucker ond Milch oder Quark,
Abg'riebna Zitron dranei - des schmeckt stark.

Dia übrige Oiweiß schlägt mr zu Schnee,
- bis dô nâ isch mr scho halba hee -
Dia ganze Sacha kommet glei
Zur Milch- ond Weckapampe nei.

Mr nemmt a Auflaufform zur Hand
Ond fettet dia guat bis zom Rand.
Kô au Brosama uff des Fett nô geba,
Nô tuat gwiß nix am Topf â'kleba.

Kirsch oder Apfel? isch dia Frog -
Was mr halt dô hot ond gern môg!
Mr legt den Boda von dem Napf
Mit Teig aus, - dô druff kommt an Schapf

Voll Obst, - dann Teig - nô Früchte drauf -
So schichtet mr den Auflauf auf.
Nei en dr Ofa bei 200 Grad!
Jetzt jô nix vespera, 's wär jammerschad.

En 75 Minuta isch die Köstlichkeit bacha, -
'S Herz, dr Maga tuat oim lacha!
Mr isst 'n hoiß, kalt oder lau,
Er schmeckt em Mô, em Kend, dr Frau.

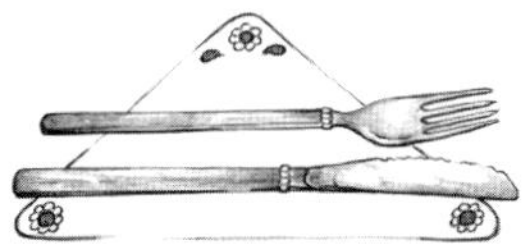

Bereits erschienen:

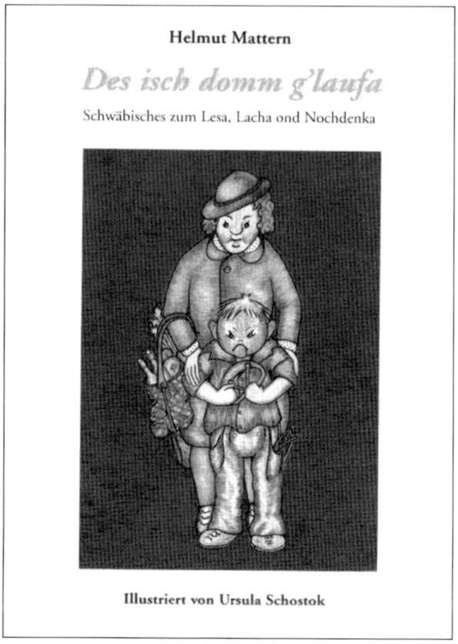

ISBN 978-3-00-018523-6

ISBN 978-3-00-022989-3

Zu beziehen bei:

CreativStudioBurkhardt
Kocherstraße 31, 70376 Stuttgart
Telefon: 0711 / 69 89 44
Telefax: 0711 / 365 26 38
E-Mail: info@csburkhardt.de
www.csburkhardt.de

oder direkt beim Autor:

Helmut Mattern
Zabergäustraße 60, 70435 Stuttgart
Telefon + Fax 0711 / 87 92 02